Schirner Verlag

Gaby Shayana Hoffmann

Das kleine feine Buch der Drachen

Energiereiche Botschaften zur Entfaltung der inneren Kraft

Schirner Verlag

ISBN 978-3-8434-5097-3

Gaby Shayana Hoffmann:
Das kleine feine Buch der Drachen
Energiereiche Botschaften zur Entfaltung der inneren Kraft

Umschlag: Arne Gutowski, Schirner
Illustrationen: Gaby Shayana Hoffmann
Satz: Karin Garthaus, Schirner
Redaktion: Kerstin Noack, Schirner
Printed by: ren medien, Filderstadt, Germany

www.schirner.com

1. Auflage August 2014

Inhalt

Vorwort ... 7
Das Portal zur Drachenwelt ... 12
In der Dimension der Drachen ... 17
DraMagan ... 19
Die Drachen und ihre Aufgabe ... 25
Der Drachenflug ... 37
Elanthara und die Seelentempel ... 44
Die Schatzkammern und die Drachenhüter ... 52
Unser Schöpfungsthron ... 60
Die Drachenkraft-Energien ... 71
Eine dringende Empfehlung ... 76
Übung: Drachenenergie spüren ... 83
Nachwort ... 90
Danksagung ... 92
Über die Autorin ... 93
Bildnachweis ... 94

Vorwort

Bereits als ich mich mit meinem Kartenset »Himmlische Lichtbegleiter«* beschäftigte, kam mir der Gedanke, all unsere wunderbaren Begleiter auch noch separat in jeweils einem kleinen Buch zu Wort kommen zu lassen. Ich fühlte einfach, dass da noch mehr Botschaften nach außen drängten, die in meinem Kartenset keinen Platz fanden, und die Idee zu meiner »kleinen feinen Reihe« war geboren.

Wie sich nach und nach herausstellte, sollten es inspirierende Gespräche, sogenannte Interviews, werden, die ich mit den Engeln, den Drachen, den Elfen und Feen, den Delfinen und den Einhörnern führen darf.

Ein sehr bewegendes Interview mit meinem Schutzengel Ben hat bereits seinen Weg in »Das kleine feine Buch der Engel« gefunden.

Ich habe, seit ich denken kann, zu allen der oben genannten Wesen und Lichtbegleiter eine innige und liebevolle Beziehung. Mit allen fühle ich mich auf eine ganz besondere Art und Weise verbunden. Während so mancher Kontakt, wie z.B. mit den Engeln, schon alltäglich ist, ist die Verbindung mit anderen Wesenheiten eher sporadisch, und zwar immer dann, wenn es The-

* Gaby Shayana Hoffmann: Himmlische Lichtbegleiter, Schirner Verlag 2013.

men in meinem Leben gibt, bei denen mich eine bestimmte Lichtbegleitergruppe am besten unterstützen kann, oder natürlich, wenn ich mich auf ein Interview mit ihnen vorbereiten darf, so wie heute! Und ich freue mich wirklich sehr auf das, was ich mit dir, liebe Leserin und lieber Leser, hier teilen darf. Denn diesmal darf ich mich mit den DRACHEN treffen!

Schon seit Wochen fühle ich ihre Präsenz in mir, fließen Bilder und Dialoge durch meinen Geist, bin ich praktisch »auf Empfang«. Das ist auch die Art, wie ich, seit ich ein Kind war, mit der Geistigen Welt kommuniziere – durch innere Bilder und Gefühle, die ich dann wieder in Form von Kunstwerken und auch Botschaften in Wort und Schrift in die Welt hinausgeben darf.

Die Drachen gehören bei mir, wie bei vielen von uns, zu den Wesen, die mich schon früh im Herzen berührten und eine besondere Spur der Magie in meinem Sein hinterließen. Immer wenn ich mit Drachen in Berührung kam, fühlte ich eine kleine Flamme in meinem Herzen auflodern, die sich danach verzehrte, sich auszudehnen und das alte Wissen aus dem Innersten meiner Seele zu aktivieren. Oftmals spürte ich aber auch, dass der Zeitpunkt noch nicht reif war und wartete weiter geduldig.

Seit einigen Jahren darf ich immer tiefer in die Energie der Drachen eintauchen, Stück für Stück intensiver hinein in eine Kraft und eine Liebe, die ganz nah zu sich selbst führt.

Auch wenn zurzeit viele Drachenbotschaften an die Oberfläche drängen, so dürfen wir diese nicht mit einem »Modetrend« in der spirituellen »Szene« verwechseln. Es hat einen bestimmten Grund, warum die Drachen gerade jetzt ihren Weg wieder vermehrt zurück ins Bewusstsein der Menschen finden. Viele von uns entwickeln immer mehr Selbstverantwortung für das eigene Leben. Wir alle erinnern uns immer mehr an unsere Schöpferkräfte und lernen wieder, diese mit einem neuen Bewusstsein anzuwenden. Und so ruft diese Arbeit mit unseren inneren Kräften auch unsere Drachenbegleiter auf den Plan. Sie können uns wunderbar dabei unterstützen, unser inneres Feuer nicht mehr zu fürchten, sondern diese Kraft mit Mut und Liebe anzunehmen.

Nicht jeder fühlt sich von der Arbeit mit den Drachen angesprochen, doch viele spüren, dass es da kraftvolle Wesen gibt, von denen wir lernen können, die uns an ihrem Wissen teilhaben lassen und die unsere Seelen teilweise auch schon seit vielen Leben, ja, seit Äonen kennen.

Achte beim Lesen dieses Buches einfach darauf, was sich für dich stimmig und richtig anfühlt. Mache dies bei allen spirituellen Botschaften, die dir begegnen. Fühle mit deinem Herzen hinein, was zu deiner eigenen Wahrheit gehört, und lasse alles andere einfach beiseite.

Wenn du in dir den Ruf der Drachen verspürst, wenn du dich eigenverantwortlich deiner inneren Kraft öffnen möchtest, lade ich dich von Herzen ein, mich bei meinem nachfolgenden Gespräch mit den Drachen zu begleiten.

Lass uns gemeinsam herausfinden, was es mit dem Feuer in uns auf sich hat. Ich freue mich, dass DU dabei bist.

In Liebe

Shayana

Das Portal zur Drachenwelt

In meiner intuitiven Empfindung habe ich die Drachen schon oft wahrgenommen, da kommen Bilder und Worte ganz natürlich an die Oberfläche meines Bewusstseins. Doch wie mache ich es, wenn ich mich auf feinstofflicher Ebene mit ihnen treffen und mit ihnen ein richtiges Gespräch führen möchte?

Ich begebe mich, wie immer wenn ich mich auch mit meinen Engeln unterhalten möchte, in einen meditativen Zustand. Ich atme ein paar Mal tief ein und wieder aus, entspanne meinen ganzen Körper und begebe mich in eine innere Stille. Ich fühle eine lichtvolle, warme und schützende Energie um mich herum. Dann lege ich meine Aufmerksamkeit auf mein spirituelles Herz, das wie mein physisches Herz ebenfalls in der Mitte meines Seins wohnt und mein Ausgangspunkt für Reisen in meinem Lichtkörper ist. Mein Lichtkörper ist mein feinstofflicher Körper, der genauso wie mein physischer Körper zu mir gehört. Unsere Lichtkörper sind es auch, die nachts unsere physischen Körper verlassen, um in andere Dimensionen und Traumwelten zu reisen. Unsere feststofflichen, physischen Körper regenerieren sich unterdessen. Sobald wir dann unseren physischen Körper wieder benötigen, schlüpft der Lichtkörper wieder in diesen hinein. Während einer metaphysischen, feinstofflichen Reise suche ich mir bewusst aus, wohin ich reise.

Ich löse mich aus dem physischen Bewusstsein und sehe, wie ich mich in einem weiten, warm leuchtenden Raum befinde. Es ist mein spiritueller Herzraum, der sanft liebend vor sich hin pulsiert. Es ist ein sehr gemütlicher Raum, der mich durch verschiedene Tore in verschiedene Welten und Dimensionen bringen kann. Von hier aus ist mir eine sichere Reise gewiss.

Genau dort befinde ich mich nun auch schon. Ach schau mal einer an, mein Schutzengel Ben ist auch da. Er erscheint neben mir und lächelt mich an:
»Also sind heute die Drachen dran, was?«

»Ja«, antworte ich ihm, »ich bin schon mächtig aufgeregt und sehr gespannt, was ich gleich erleben werde!«

Ben ist als mein engster Schutzengel mein bester Freund in den feinstofflichen Dimensionen, und er weiß, dass ich mich wohlfühle, wenn er zwischendurch auftaucht. »Wirst du auf meine Reise zu den Drachen mitkommen?«, will ich von ihm wissen.

»Nein, das schaffst du wunderbar allein, ich wollte es mir nur nicht nehmen lassen, dir eine gute Reise zu wünschen und dich zu ermuntern, das Tor zur Drachenwelt mutig zu durchschreiten, auch wenn es diesmal vielleicht etwas anders aussieht als die Tore, die du bisher kennengelernt hast!«

Ich sehe ihn erstaunt an:
»Was meinst du denn damit?«

Ben nimmt mich an die Hand, und wir gehen in die Mitte meines Herzraumes. Um mich herum erstrahlen verschiedene, neue, wunderbare, runde Tore, richtige Portale, die mir bei meinen bisherigen Aufenthalten in meinem Herzraum noch nie aufgefallen sind. Es sind sehr große Dimensionstore, sie funkeln und glitzern und haben reichhaltig verzierte Ränder. Das Innere der Portale ist aus reiner, fließender Energie, die sich immer wieder anderes präsentiert. Ich vermute, dass das Aussehen der Energie in ihrem Inneren Aufschluss über die dahinterliegende Welt gibt.

Ein Portal scheint aus Wasser und Wellen zu bestehen, in einem anderen flattern unendlich viele Schmetterlinge und Vögel umher, im Tanz der Energien. Ein weiteres erscheint mir wie ein tiefer Wald – ruhig, still und majestätisch. Ich höre überall Klänge und kann ebenfalls entsprechende Düfte wahrnehmen. Es ist unglaublich faszinierend. Am liebsten würde ich alle Tore gleichzeitig erkunden. Ben liest meine Gedanken:

»Das wäre etwas zu viel des Guten für den Moment denke ich, du wirst für heute genug mit dieser Welt hier zu tun haben«, sagt er und führt mich etwas weiter nach links, wo ich ein weiteres Tor erblicke. Oh, ich sehe schon, dieses muss das Tor zur Drachenwelt sein, denn in seinem Innersten lodert ein richtig gewaltiges Feuer!

Damit hatte ich nun nicht gerechnet! Ich bin fasziniert! Ben legt mir eine Hand auf die Schulter und meint: »Um in die Drachenwelt zu gelangen, wirst du mit deinem innersten Feuer konfrontiert, es ist – sagen wir mal – eine erste kleine Prüfung, wie ernst es dir ist, dich mit den Drachenenergien auseinanderzusetzen. Aber ich weiß, du machst das schon, ich wünsche dir eine spannende Reise!« Kurz darauf ist Ben verschwunden!

Okay, denke ich mir, da bin ich nun also … ich und das Portal zu den Drachen. Ich bewege mich näher auf es zu und betrachte es. Ein golden-rotes Feuer mit vielen Sprenkeln anderer Farben lodert darin. Ich kann immer wieder ein Grün, ein Blau und auch ein Violett hervorzüngeln sehen. Nun, durch Feuer bin ich noch nicht gegangen, denke ich mir, aber Kneifen ist jetzt irgendwie auch nicht drin. Schließlich gibt es für mich keine Alternative, ich habe nicht vor, einfach unverrichteter Dinge wieder umzukehren. Dafür habe ich mich schon zu sehr auf diesen Moment gefreut.

Ich gehe immer näher an das Tor heran und spüre, dass das Feuer zwar lodert, aber nur angenehm warm und nicht verbrennend heiß zu sein scheint. Auch fühle ich, dass von diesem Feuer keine Gefahr ausgeht, im Gegenteil, es fühlt sich irgendwie vertraut an. Als ob es zu mir gehören würde. Hm … sehr interessant! Ich weiß unterdessen, dass mir nichts Angst zu machen braucht, was zu mir gehört. Also nehme ich einen tiefen Atemzug sowie eine gehörige Portion Mut und schreite durch das Tor!

Eine Welle von intensiven, tiefen Gefühlen überschwemmt mich, dann bin ich durch das Energietor hindurchgeschritten und stehe in einer vollkommen neuen Landschaft.

In der Dimension der Drachen

So viele neue Eindrücke! Ich weiß kaum, wohin ich zuerst schauen soll. Ich befinde mich mitten in einer urwüchsigen Natur, mit Bäumen, Sträuchern, Felsen und Bergen. Alles deutlich größer, als ich es von der Erde her kenne, und in einer Farbintensität, die mir ebenfalls ganz neu ist! Alles fühlt sich gewaltiger und intensiver an als in unserer normalen Welt. Dafür Worte zu finden, ist wirklich nicht leicht.

Ich stehe auf einer Hochebene, hinter mir Wälder, unter mir eine weite Landschaft mit Flüssen und vielen Bäumen. Der Himmel ist nicht blau wie bei uns, eher blauviolett, auch die Landschaft ist viel grüner als bei uns und in so vielen unterschiedlichen Grüntönen. Ich wusste nicht, dass eine Farbe so viele Variationen haben kann – und ich kenne mich mit Farben aus! Zumindest dachte ich das bisher …

Ich blicke über das tiefe Tal und dann sehe ich sie … die DRACHEN!

Kennst du solche Momente, in denen du nur noch stillstehen, keinen anderen Gedanken fassen und nur noch voller Begeisterung beobachten kannst? So stehe ich gerade da und fühle eine tiefe, tiefe Freude in mir! Am liebsten würde ich Luftsprünge machen, doch das erscheint mir im Augenblick irgendwie unpassend, also lasse ich es lieber.

Ich sehe Drachen in vielen unterschiedlichen Farben und Größen. Viele ziehen ihre Runden weit oben am Himmel. Ob irgendeiner von ihnen gemerkt hat, dass ich hier stehe und Bauklötze staune, frage ich mich, als einer der Drachen definitiv in meine Richtung zieht.

Mein Atem – ja, auch in meinem feinstofflichen Körper atme ich und versuche, meine körperliche Gestalt, so gut es geht, aufrechtzuerhalten – wird ganz flach, und ich versuche, nicht in Panik zu verfallen. Ich bin mutig, ja, aber wenn man das erste Mal einen solchen Drachen sieht, dann schluckt jeder erst einmal, glaubt es mir!

Ich gehe ein paar Schritte zurück, weil ich nicht weiß, wie viel »Landebahn« der Drache braucht. Ach du meine Güte, was denke ich denn hier nur?

Und dann ist es soweit, der Drache setzt zum Landeanflug an und landet einige Meter vor mir. Er wirbelt dabei ganz schön viel Staub auf! Als sich dieser wieder legt, muss ich unwillkürlich schlucken. Wir sehen uns beide mit großen Augen an.

DraMagan

Dann fühle ich in mir ein Gefühl des Willkommens, man kann es nicht anders ausdrücken. Es ist, als ob mich jemand von innen heraus begrüßt! Ich sehe ihn an und es sprudelt nur so aus mir heraus:

»DraMagan, du bist es, oder? DU bist DraMagan?«

Der Drache nickt und … er lächelt! Dann schreitet er zu mir. Hab ich schon erwähnt, dass er riesig ist? Nein? Okay, er IST riesig! Aber Moment mal, obwohl er näher kommt, wird er irgendwie gar nicht so viel größer … wie geht denn das? Müsste er mich nicht mit jedem Schritt immer mehr überragen? Das verwirrt mich etwas. Telepathisch übermittelt er mir, dass er seine Größe etwas der meinen anpasst, damit wir uns besser miteinander verständigen können und er im Gegensatz zu mir nicht so riesig ist, wenn wir nebeneinander stehen. Das ist ja interessant, dass so etwas überhaupt möglich ist, denke ich mir.

Der Drache, der da auf mich zukommt, ist – ich kann es nicht anders ausdrücken – wunderschön. Er ist wahrlich ein Wesen, das einen nur faszinieren kann, so kraftvoll und beeindruckend. Seine Schuppen schimmern in einem orange-goldgelben Farbton, der ab und an – besonders oben auf der Schulter und auf dem Rücken – in einen Grünton übergeht. Auch etwas Fell kann ich auf seinem Hals erkennen. Er hat keine Mähne, aber etwas längeres Fell, das am oberen Teil seines langen Halses und am Kopf zu sehen ist. Sein Kopf ist groß und mit einigen Hörnern verziert, er hat große, wachsame Augen und einen wirklich freundlichen und wissenden Blick. Unter seinem Kinn wächst so etwas wie ein Fellbärtchen, das ihm irgendwie einen verwegenen Ausdruck verleiht.

Als er nur noch wenige Meter von mir entfernt ist, bleibt er stehen und sieht mich mit einem etwas schiefen Lächeln an.

»Hallo Shayana, da bist du ja endlich«, höre ich seine tiefe, wohlklingende Stimme.

Er ist zwar immer noch sehr groß, aber so, dass ich mir neben ihm nicht mehr wie ein totaler Winzling vorkomme. Langsam kommt er mit seiner Schnauze zu mir herunter, und ich kann nicht anders als seine Nüstern zu streicheln, ganz automatisch lenkt meine Hand in seine Richtung. Als ich ihn berühre, fühle ich, dass dieses Wesen niemand Fremdes für mich ist. Dabei sehe ich ihn doch heute das erste Mal, oder?

Dazu muss ich noch ein wenig auszuholen: Als ich mich zu diesem Interview mit den Drachen entschloss, habe ich diesen Wunsch zusammen mit der Bitte um einen Drachen, der sich mit mir unterhalten möchte, in die

Drachenwelt geschickt. Ein paar Tage danach spürte ich, dass ein Drachenwesen sich bei mir intuitiv bemerkbar machte. Ich fühlte Bilder in mir aufsteigen, und wir führten bereits auf telepathischer Ebene kleine Gespräche. Ein Name wurde mir mitgeteilt, er war eines Tages auf einmal ganz deutlich in meinem Bewusstsein: DraMagan!

Das ist also »mein« Drache, der hier und jetzt vor mir steht.

»Ich freue mich dich kennenzulernen, DraMagan«, sage ich zu ihm. Er hebt seinen Kopf etwas und erwidert:
»Na ja, ich würde es eher ein Wiedersehen nennen. Wir beide kennen uns durchaus schon länger, auch wenn du dich gerade nicht daran erinnern kannst …«

Huch, nun wird es spannend.

»Wir kennen uns schon? Was meinst du denn damit?«, möchte ich gerne von ihm wissen.

Er richtet sich auf, und ich sehe, wie er eine seiner vorderen Klauen auf sein Herz legt und sich von dort aus auf einmal eine goldene Energie ausbreitet, die immer größer wird, bis sie uns beide einhüllt.

»Öffne dein Herz«, höre ich ihn, und als ich dies tue, werde ich auch schon von Bildern überschwemmt. Mit einem Schlag kommt die ganze Erinnerung zurück, ich taumle ein wenig, dann fühle ich uns, unsere tiefe Verbindung und dass unsere Seelen sich schon sehr lange kennen. Gemeinsame Erlebnisse und Abenteuer, auch in anderen Körpern und in anderen Welten, auf anderen Planeten und Dimensionen. Die Bilder schießen schnell und schemenhaft durch meinen Kopf, aber ich fühle, dass wir immer in Liebe und tiefer Freundschaft verbunden waren. DraMagan löst die »Erinnerungs-Energie«, und ich weiß nun, dass ich einen alten, wirklich guten und innigen Freund wiedergefunden habe.

Nun brechen alle Dämme, und ich renne zu ihm. Schluchzend werfe ich mich ihm buchstäblich an den Hals und umarme ihn so lange und intensiv, als würde ich ihn nie mehr loslassen wollen.

»Oh du meine Güte, du bist das! Ich hatte ja keine Ahnung«, bringe ich unter Freudentränen heraus. DraMagan umarmt mich ebenfalls ganz sanft und umschließt uns mit seinen Flügeln. So stehen wir eine Weile reglos da, versunken im Gleichklang unserer Herzen und der Freude, uns endlich wiedergefunden zu haben.

Ich erinnere mich, dass wir gemeinsam bereits viele Herausforderungen gemeistert haben. Nicht in diesem Leben, sondern ganz weit weg, zu ganz anderen Zeiten. Eine Seelenfreundschaft, die über viele Leben hinaus besteht und weiter bestehen wird.

»Ich freue mich sehr, dass wir nach so langer Zeit hier und heute wieder zusammenwirken dürfen, liebe Freundin«, merkt mein Drache mit seiner tiefen, klangvollen Stimme an und setzt sich in Bewegung.
»Komm, wir suchen uns einen passenden Platz, an dem wir uns ungestört unterhalten können.«

Oh ja, ich habe viele Fragen, und so laufe ich ihm mit schnellen Schritten und voller Vorfreude hinterher.

Die Drachen und ihre Aufgabe

Wir kommen zu einem idyllischen Platz nahe einem Wald, mit einem klaren, grünen See und einem atemberaubenden Wasserfall, der sich darin ergießt. Mit diesem traumhaften Ausblick vor Augen lässt sich DraMagan an dem See nieder, und ich setze mich auf einen alten umgefallenen Baumstamm, den ich direkt neben ihm finde.

DraMagan hat sich hingelegt, sodass wir höhenmäßig nicht mehr so weit voneinander entfernt sind und ein entspanntes Gespräch führen können. Meine Scheu vor dem großen Drachen ist schon längst verschwunden. Sie hatte sich sofort in Luft aufgelöst, als ich ihn als alten Freund wiedererkannte. Dann kann es ja losgehen!

»Darf ich dich gleich erst einmal ein paar grundsätzliche Dinge fragen?«, beginne ich meine Fragerunde.

»Natürlich, leg einfach los! Wir werden sehen, was wir alles an Antworten für dich und deine Leser finden.«

»Wo sind wir hier? Befinden wir uns auf einem anderen Planeten? Oder in einer anderen Zeit? Wer oder was seid ihr, die Drachen?«, sprudelt eine Frage nach der anderen aus mir heraus.

DraMagan hebt seinen großen Kopf und schaut mich belustigt an. »Früher warst du viel weniger hektisch, meine Liebe. Man merkt, dass du derzeit aus einer sehr ruhelosen Zivilisation kommst! Aber gut, ihr möchtet Antworten, hier sind sie:

Als du durch das Feuerportal gegangen bist, hast du dich in die Dimension der Drachen begeben. Diese Dimension ist nicht vergleichbar mit der irdischen Erfahrungsebene, auf der du dich sonst befindest. Du bist dabei weder durch die Zeit gereist, noch hast du einen anderen Planeten betreten, du bist durch ein Dimensionstor gegangen, auf dem du uns, die Wesen, vorgefunden hast, die das Drachenbewusstsein repräsentieren.

Unsere Seelen inkarnieren sich hier als Drachen, unsere Drachenkörper weisen dabei zwar eine gewisse Grobstofflichkeit auf, wir sind aber trotzdem feinstofflicher in unserem Wesen als ihr Menschen. Unsere Dimension schwingt höher als eure, dabei befinden sich unsere Seelen auf einer anderen Entwicklungsstufe, einer anderen Ebene als viele eurer Seelen. Unsere Seelen haben andere Aufgaben hier als eure auf der Erde. Wir sind unter anderem Hüter und Diener und Erinnerer für viele verschiedene Wesen im ganzen Universum.«

Mein Blick fällt auf den wunderbaren Wasserfall, während ich DraMagans Ausführungen lausche. Ich spüre, wie ich langsam ruhiger werde.

»Was behütet ihr und wem dient ihr dabei? Und woran erinnert ihr andere Wesen?«, die Details interessieren mich hier natürlich besonders.

DraMagan richtet sich bei der nächsten Antwort auf, sein Schwanz legt sich um seinen Körper wie bei einer Katze. Das sieht witzig aus, ich stelle mir vor, dass gerade eine riesige Katze vor mir sitzt, und muss kichern.

»Du weißt schon, dass ich deine Gedanken sehen und hören kann, oder?«, fragt mich mein Drachenfreund und schnaubt eine kleine Rauchwolke aus seiner Nase.

»Ups, ähm, nein bisher nicht … hihi … ja, gut, der Vergleich hinkt vielleicht, aber das sah eben einfach zu ähnlich aus, ich will dich natürlich nicht mit einer Katze vergleichen«, sage ich und lächle ein wenig verlegen.

»Kein Problem, Katzen sind durchaus sehr weise Wesen, doch wir sind in der Tat noch einmal ganz anders. Um auf unsere Aufgabe zurückzukommen: Drachen sind die Hüter der innersten Macht und Kraft! Wir dienen dabei den Wesen, die ihre Kräfte und ihre Macht vor langer Zeit unterdrückt oder von sich gewiesen haben. Wesen, die aus vielen unterschiedlichen Gründen Angst davor haben, ihre innerste Macht anzuerkennen und auch zu leben. Wir hüten diese Kräfte wie einen Schatz, denn nichts anderes ist er. Und wenn die Zeit gekommen ist, wie es zum Beispiel im Augenblick bei vielen Menschen auf eurer Erfahrungsebene der Fall ist, dann erinnern wir diese Seelen wieder an diese Kraft. Wir führen sie behutsam zurück zu ihrer Macht und helfen Ihnen dabei, diese wieder anzunehmen.«

Während DraMagan mir dies erzählt, strahlt eine enorme golden-orange-rote Energie um ihn herum. Ich vermute, dass sich hier gerade die machtvolle Hüterenergie ausbreitet, während er über seine Aufgabe spricht.

»Das vermutest du genau richtig«, hat er schon wieder meine Gedanken aufgeschnappt.
»Wir lieben unsere wichtige Aufgabe und sind sehr stolz, diese unglaublichen Schätze zu hüten, die oftmals nichts anderes als kraftvolle Seelenenergie sind, die von den ursprünglichen Wesen abgespalten wurde. Es sind innere Seelenwelten, die wichtig und wertvoll sind und sich nur so lange hier befinden, bis sie wieder in Anspruch genommen und zum eigenen Sein zurückgeholt werden.

Wir freuen uns sehr, wenn wir spüren, dass sich immer mehr Menschen dieser abgespaltenen Macht öffnen, die nichts anderes als ihre eigene Schöpferenergie ist.«

»Oh, das ist ja wirklich unglaublich, und jetzt wird mir auch klar, warum es immer heißt, die Drachen seien Hüter von unvorstellbar wertvollen Schätzen, nicht wahr? Damit waren nicht Gold und Edelsteine gemeint, sondern die innersten Seelenschätze, oder?«, ich sehe den Drachen interessiert an.

»Genau so ist es!«, nickt DraMagan und sein kleines Kinnbärtchen flattert dabei lustig im Wind.

Mein Blick wird von anderen Drachen abgelenkt, die über uns kreisen. Da sind kleinere aber auch größere in allen möglichen Farben und Formen. Sie scheinen uns entdeckt zu haben und schauen interessiert nach unten, lassen uns aber in Ruhe unser Gespräch fortführen.

Sogleich fällt mir die nächste Frage ein:

»Woher kommen dann aber zum Beispiel die alten Geschichten, die von ehemaligen Zeitaltern auf der Erde berichten, in denen die Drachen und ihre Magie gleichermaßen gefürchtet und bewundert wurden? Gab es denn wirklich Drachen auf unserer Erde, also in unserer Dimension? Du sagst doch, dass ihr hier lebt?«

»Liebe Shayana, es gab und gibt zu allen Zeiten auch in eurer Welt Tore zu anderen Dimensionen. Diese Dimensionstore sind immer mal wieder aktiv, und ihr habt dadurch Besucher aus anderen Welten und Dimensionen bei euch beherbergen können. Sie kommen aus ganz unterschiedlichen Gründen zu euch. Manche sind einfach nur neugierig, manche möchten euch Botschaften überbringen oder euch inspirieren, neue Wege zu gehen. Durch diese Tore kamen Wesen, die mit euch gemeinsam zum Beispiel an euren Pyramiden gearbeitet haben. Es gibt sehr viele, auch oftmals gar nicht dokumentierte Beispiele solcher ›Treffen der Dimensionen‹. Viele davon nennt ihr ›außerirdisch‹, wozu wir uns auch zählen würden, wenn man es genau nimmt«, schmunzelt DraMagan.

»Manche Besucher blieben für eure Augen unsichtbar, manche zeigten sich für eine kurze Zeit. So war das damals auch mit uns. Wir kamen durch diese Tore, um zu sehen, ob ihr schon wieder bereit wart, eure wunderbaren Schöpferkräfte anzunehmen. Es gab ganz vereinzelt Menschen, die ihre machtvollen Kräfte wieder zum Leben erweckten, und es war für uns eine große Freude, mit ihnen gemeinsam zu wirken. Gleichzeitig gab es aber bei vielen Menschen eine große Angst vor dieser Macht. Sie wurde nicht verstanden und als Bedrohung angesehen. Es gab Kräfte, Menschen und Organisationen, die nicht entmachtet werden wollten und dafür sorgten, dass ihre Anhänger klein und unwissend blieben. Alles, was die Menschen wieder in ihre Selbstständigkeit und in ihre eigene Macht hätte bringen können, wurde als Schwarze Magie abgetan, die für schlecht und böse gehalten wurde. Die Magie, die viele von ihnen fürchteten – und dies wird durchaus auch heute noch bei euch gelebt –, war nichts anderes als die Schöpferkraft, die jedem von euch innewohnt.

Doch viele derjenigen, die sich dieser Kraft wieder öffnen wollten, wurden verfolgt. Die damalige Zeit war noch nicht reif für größere Veränderungen, und da wir nicht in den freien Willen eingreifen dürfen, zogen wir uns nach einer Weile wieder in unsere Gefilde zurück.

Trotzdem war unser Besuch von damals nicht umsonst, denn wir pflanzten die Erinnerung an uns und die vermeintliche ›Magie‹ in die Köpfe und vor allem die Herzen der Menschen. Wir wussten, dass es irgendwann so weit sein würde, dass sich die Gewichtung verändert. Dass es dann Menschen geben würde, die sich nicht mehr ohnmächtig fühlen wollen, die spüren, dass in ihnen mehr ist, als man ihnen erzählt.

Diese Zeit ist JETZT!

Und genau aus diesem Grund dürfen wir jetzt wieder ins Bewusstsein der Menschen kommen, um sie an ihre innerste Macht und ihre Kraft zu erinnern! Da ihr euch weiterentwickelt und euer Bewusstsein öffnet, müssen wir auch nicht mehr in jedem Fall durch eure Dimensionstore kommen, ihr findet jetzt auch den Weg zu uns!«

Ganz still und aufmerksam lausche ich DraMagans Worten und bin ganz fasziniert von all diesem Wissen. Etwas wird dabei in meinem Inneren berührt, und ich spüre die Wahrheit dahinter.

Nun wundert es mich auch nicht mehr, dass so viele Menschen von Drachen und ihren Geschichten fasziniert sind.

DraMagan erklärt mir weiter:
»Wir Drachen sind dabei nur das Sinnbild für eure eigene innere Kraft und Macht, für das, was ihr ›Magie‹ nennt. Wir tragen diese Energie mit uns, und wenn ihr euch mit uns beschäftigt, stellt dies eure Sehnsucht dar, jene Kraft wieder zu euch zu holen. Ihr habt so lange das Spiel der Ohnmacht gespielt, so lange habt ihr im Opferbewusstsein verharrt. Doch seht, wie viele Seelen auf eurem Planeten jetzt aufstehen. Sie stehen für sich selbst und auch für andere ein, sie lassen es immer weniger zu, energetisch wie körperlich missbraucht oder misshandelt zu werden. Und sie erkennen, dass sie es selbst waren, die es viel zu lange erlaubt haben, dass andere Wesen ihre Grenzen überschritten – oder noch schlimmer – ihnen Grenzen gesetzt haben. Es ist eine Welle, die sich formt, die immer mehr Kraft gewinnt, die größer wird und immer mehr Seelen mit sich zieht. Lasst euch nichts anderes erzählen. Informationen wie die, dass sich ›ja sowieso nichts verändert‹ sind Desinformationen und tragen keine Wahrheit in sich. Wir Drachen sind derzeit gut damit beschäftigt, die bewussten Schöpfer unter euch wieder mit ihrem innersten Schatz vertraut zu machen. Immer mehr Menschen öffnen sich.

Vertraut der Welle – vertraut dem, was euch fasziniert und was eure innere Flamme entzündet! Denn ihr tragt in eurem Herzen alle eine ›Schöpferflamme‹. Diese Flamme kann kleiner oder größer sein, je nachdem, wie viel Macht ihr im Laufe eurer Inkarnationen abgegeben habt. Sie fängt allerdings immer dann an zu lodern, wenn ihr eure Schöpferkraft bewusst einsetzt. Nährt sie mit dem, was ihr liebt, und sie wird größer.«

Auch ich fasse mir an mein Herz und spüre die Flamme in mir auflodern. Sie brennt tief und heiß in mir, und ein bisschen komme ich mir selbst wie ein Drache vor, mit dem Feuer in mir, das hinaus möchte, um sich zu verströmen.

»Das hört sich für mich einerseits so fantastisch, aber andererseits auch so unglaublich natürlich und real an, so, als wäre dieses Wissen schon immer in mir, in uns allen. Ist das so?«, schaue ich fragend zu meinem Drachenfreund.

»Selbstverständlich! Ihr selbst seid ja diese mächtigen Schöpferwesen, jede Seele ist das. Tief in eurer Seele, eurem Herzen wisst ihr das. Doch ihr habt einen Schleier des Vergessens darübergelegt. Ihr habt durch viele Zeiten hindurch, aus vielen unterschiedlichen Gründen immer mehr von eurer Macht abgegeben, um gewisse Erfahrungen überhaupt erst machen zu können. Eure Seelen wollten die Erfahrung machen, sich klein und machtlos zu fühlen, das müsst ihr wissen. Niemand hätte euch diese Kräfte ›wegnehmen‹ können, wenn ihr auf der Seelenebene nicht bereit dafür gewesen wäret. Der vermeintliche ›Kampf‹ zwischen Licht und Dunkel, zwischen Gut und Böse, tobte immer nur in euch selbst – zwei Seiten der Medaille, die eigentlich eins sind. Hört auf, euch selbst und andere zu bekämpfen, denn dieser Krieg kann niemals gewonnen werden. Ein Kampf blockiert immer Energien, ein Krieg urteilt und bewertet. Wenn ihr urteilt, ›teilt‹ ihr die Urkraft, das Leben und die Schöpfung selbst! Daraus entsteht niemals ein Gleichgewicht. In der Annahme liegt die größte Kraft. Für einige von euch – leider noch nicht für alle – sind diese Erfahrungen nun beendet. Ihr sehnt euch im Herzen danach, wieder vollständig zu werden und die Anteile, die ihr vor langer Zeit abgegeben habt, nun wieder zu euch zurückzuholen. Und wir sind hier und warten auf euch, um euch darin zu unterstützen.«

Während DraMagan mir und euch das alles erklärt, bin ich auf meinem Baumstamm immer näher an ihn herangerückt und habe mich dann zu ihm in die Wiese gesetzt, und vor lauter Begeisterung bestimmt ganz rote Ohren bekommen. So viele Puzzleteile scheinen sich zusammenzufügen, wenn ich seinen Erklärungen lausche.
Ich schaue zu ihm auf und frage:

»Was müssen wir denn nun genau tun, wenn wir unsere innersten Kräfte und unsere Macht wieder zu uns holen möchten?«

»Das könnte ich dir natürlich ganz direkt zeigen, dir und all den Menschen, die – selbstverständlich nicht ganz zufällig – dein Buch lesen werden«, ein tiefes, kehliges Lachen dringt aus seinem Hals.

»Dafür müssten wir allerdings gemeinsam eine kleine Reise unternehmen …«, er macht mich neugierig.

Der Drachenflug

»Willst du dorthin gelangen, wo du zum Beispiel deine abgegebene Macht wiederfinden kannst? Bist du bereit dazu? Deine Anwesenheit hier setzt dies zwar schon im gewissen Maße voraus, aber du kannst dich jederzeit noch umentscheiden.«

DraMagan kommt, als er das sagt, mit seinem Gesicht ganz nah an meines, und eines seiner Augen blickt mich eindringlich an.

Mein Herz schlägt vor Aufregung viel schneller als sonst, und ich höre fast, wie das Blut durch meinen Körper rauscht. Warum habe ich nur das Gefühl, genau auf diesen Moment die ganze Zeit gewartet zu haben?

Ich hüpfe auf und ab und klatsche in die Hände.
»JA«, rufe ich voller Freude, »ja, ja, ja, ich will«, und merke gleichzeitig, dass ich gerade nicht nur zu dieser Reise, sondern vor allem zu mir selbst »JA« sage.

»Wohin geht es, und wie kommen wir dahin?«, nun bin ich wirklich sehr gespannt.

DraMagan schaut mir amüsiert zu.

»Wir reisen an einen Ort, der etwas von diesem entfernt ist. Er liegt, sagen wir mal, in seiner eigenen Dimension. Dort befinden sich die Seelentempel jedes einzelnen Wesens, das existiert. Diese Tempel beinhalten Energien, Aufzeichnungen, Heilinseln und vieles mehr, ganz auf die Bedürfnisse der einzelnen Seelen abgestimmt. Dorthin werden wir fliegen!«

Ich schaue ihn erstaunt an und frage:
»Gemeinsam? Also ich mit dir? Oder, ähm, auf dir?«

»Ja, ich denke, das wäre zwar nicht die einzige, aber die ideale, schnellste und schönste Lösung«, erklärt mir mein Freund und lacht schallend.
»Ich will dir ja schließlich auch etwas bieten.«

Nun gut, denke ich mir und hoffe inständig, dass meine Höhenangst in dieser Dimension nicht zum Tragen kommt.
»Mach dir darüber keine Gedanken«, höre ich, diesmal telepathisch, in meinem Inneren.

»Okay, wie machen wir es, brauche ich vielleicht einen Sattel und Zaumzeug oder so etwas?« Ich habe keine Ahnung, wie ich auf einem Drachen reiten soll, daher frage ich einfach ganz direkt.

DraMagan dreht sich zu mir um, schaut mich mit hochgezogener Augenbraue an und fragt mit ironischer Stimme:
»Sehe ich für dich in irgendeiner Weise wie ein Pferd oder ein anderes Reittier aus?«

Ich werde etwas kleinlaut, und mit einem entschuldigenden Lächeln versuche ich, meine Frage zurückzunehmen.
»Ähm, nein, also wenn du mich so fragst, natürlich nicht! Wie funktioniert es dann, einfach aufsteigen und los? Ich falle so nicht runter, oder?«

DraMagan erklärt mir:
»Bedenke: Wenn wir Drachen andere Wesenheiten dazu einladen, mit uns gemeinsam zu fliegen, geschieht dies immer mit gegenseitigem Respekt. Wir sind keine Reittiere, die man leiten oder führen muss, eher ist es umgekehrt. Du musst auch keine Angst haben, dass du ohne diese ganzen Utensilien, die ihr auf der Erde für den Reitsport kennt, herunterrutschen könntest, denn sobald du dich auf meinen Rücken gesetzt hast, bist du durch mein Drachenenergiefeld mit mir verbunden und geschützt. Du kannst es dir wie eine dichte Aura vorstellen. Durch sie stehst du unter dem persönlichen Schutz des Drachen, mit dem du fliegst. Hab keine Angst, wir beide werden einfach eine kleine, abenteuerliche Reise zusammen unternehmen«, sagt er und zwinkert mir zu.

Gleichzeitig legt er mir seinen langen Schwanz um die Taille und hievt mich damit auf seinen breiten Rücken. Im ersten Moment halte ich den Atem an, doch als er mich oben absetzt und ich mir eine bequeme Position suche, bemerke ich tatsächlich, wie ich – wie durch unsichtbare Hand – ein geborgenes, sicheres Gefühl bekomme. Es ist, als ob eine weiche, warme Decke um uns herumfließt. Ich halte mich am kurzen Fell oberhalb seines Halses fest und harre der Dinge, die da kommen, ich bin bis aufs Äußerste gespannt.

»Sitzt du bequem, können wir los?«

Ich kann gerade noch Ja rufen, als DraMagan auch schon losläuft und auf einen Abhang zusteuert. Ich schlucke und halte mich richtig gut fest, so ganz vertraue ich noch nicht dem Energiefeld. DraMagan breitet seine Flügel aus, und wir segeln über die Schlucht. In mir toben viele verschiedene Gefühle gleichzeitig, doch die Begeisterung gewinnt sehr schnell die Oberhand. Ich fliege!

Unbändige Freude bahnt sich den Weg durch meinen ganzen Körper, und ich kann nicht anders als laut zu juchzen. Ja, jetzt komme ich mir wirklich wie in dem Buch »Die Unendliche Geschichte« vor, als der junge Bastian zum ersten Mal auf Fuchur, dem Glücksdrachen, fliegen darf. Ich kann nicht anders als »Wow« und »Oh mein Gott, ich fliege« zu rufen, während mein Herz einen Hüpfer nach dem anderen macht.

DraMagan lacht und fliegt immer höher, während weitere Drachen zu uns stoßen und im Formationsflug mit uns fliegen. Ich schaue nach links und rechts, nach oben und unten und sehe viele bunte, einzigartige und wunderschöne Drachen und kann es nicht fassen, so vielen Drachen so nah zu sein. Die Drachen, die mit uns mitfliegen, schauen lachend und zwinkernd zu mir herüber, doch noch bevor ich zurückwinken kann, veranstaltet DraMagan einen Looping, der sich gewaschen hat.

»Aaaaahhh«, rufe ich, aber nach meinem ersten Schrecken merke ich, dass mich DraMagans Energiefeld wirklich bombensicher in meinem nicht vorhandenen Sattel hält! Das ist ja unglaublich! Als ich merke, dass ich keine Angst zu haben brauche, und mich wirklich sicher fühle, rufe ich:
»Mehr! DraMagan, ich will mehr!«

Er schien nur darauf gewartet zu haben, denn nun geht es richtig los: DraMagan und die Drachen setzen zu einem gemeinsamen Sturzflug an, sie werden immer schneller, drehen und wenden sich in einem Tempo, dem keine Achterbahn hinterherkäme. Ich höre Drachenschreie und mein jubelndes Herz in meiner Brust. Unser Flug wird von Energien vieler unterschiedlicher Farben begleitet, die um uns herumwirbeln. Ich habe mich bäuchlings ganz flach auf DraMagans Rücken gelegt, umarme seinen Hals und fühle pures Glück!

»Juhuuuu!«, kreische ich gegen den Wind. »Das ist ja so unglaublich toll, ich liebe es«, rufe ich allen Drachen zu, setze mich auf und breite meine Arme ganz weit aus. Ich spüre, wie ihre Herzen mit meinem im Einklang sind, wir so etwas wie eine Einheit bilden, und bin dankbar dafür, dies alles erleben zu dürfen.

Bald bemerke ich, wie sich die anderen Drachen innerlich von mir verabschieden und einer nach dem anderen abdreht, um wieder seiner eigenen Wege zu fliegen. Ich winke ihnen fröhlich hinterher und bin gespannt, was als Nächstes passiert.

Wir fliegen noch etwas weiter, vorbei an unbekannten, aber wunderschönen Tälern und Landschaften, die ich von der Erde her gar nicht kenne. Vor uns erblicke ich auf einmal so etwas wie eine Nebelwand, sie glitzert in allen Regenbogenfarben! Ich beobachte gerade noch fasziniert, wie alles funkelt und blitzt, da fliegen wir auch schon durch sie hindurch. Als ich gerade bemerke, dass wir hier wohl gerade wieder ein Dimensionstor passieren, da sind wir auch schon wieder auf der anderen Seite.

OH!

Elanthara und die Seelentempel

Eine ganz andere Landschaft erstreckt sich vor uns. Ich komme mir ein wenig so vor, als wäre ich in einem verzauberten Land. Unter uns sehe ich viele sanfte grüne Hügel, auf denen jeweils große kuppelartige Gebäude stehen. Sie strahlen hell und sind fast durchsichtig, oben aus ihrer Mitte fließt ein riesiger funkelnder Lichtstrahl direkt in den Himmel.

DraMagan kreist mit mir in einiger Entfernung über den Gebäuden. Dabei fällt mir auf, dass jedes Kuppelgebäude andere Merkmale aufweist, wie Häuser, die von ihren Eigentümern nach den eigenen Vorlieben gestaltet worden sind. Nur die Grundform ist dieselbe. Auch der Lichtstrahl in der Mitte ist nicht immer gleich dick, einige sind schmal, andere erscheinen mir dick wie alte Baumstämme.

»Das sind eure Seelentempel«, vernehme ich endlich wieder DraMagans Stimme.

»Jeder dieser Tempel hat seine ganz eigene Energie, genau wie eure Seelen auch. Wir fliegen jetzt zu deinem Tempel!«

Er dreht ab, während er das sagt, und nachdem wir einige Tempel, die wohl zu anderen Seelen gehören, hinter uns gelassen haben, taucht vor meinen Augen ein Hügel auf, der mich sofort magisch anzieht.

Mein Herz fängt an, wie wild zu pochen, und ich erkenne in diesem Ort einen Platz, der tief mit mir verbunden ist. Kennst du das Gefühl, an einen Ort zu kommen, den du vermeintlich noch nicht kennst, an dem du dich aber sofort wie zu Hause fühlst? Dann nimm dieses Gefühl und verstärke es mindestens hundert Mal, das entspricht dann annähernd dem, wie ich mich gerade fühle!

Langsam fliegen wir immer näher an den Tempel heran und verringern dabei unser Tempo. Dann landen wir auf dem Hügel, und ich sehe erst jetzt, wie groß und majestätisch mein Tempel aussieht.

DraMagan hebt mich mithilfe seines Drachenschwanzes von seinem Rücken, und ich spüre wieder festen Boden unter den Füßen. Ich kann gar nicht sprechen, so entzückt bin ich von diesem Ort. Mein Drache und ich blicken uns an, und er sagt feierlich:
»Herzlich willkommen zurück, du warst schon lange nicht mehr hier.«

»Wo sind wir hier genau? Und was sind diese Seelentempel für uns? Bitte erzähl mir mehr darüber«, bitte ich DraMagan, während wir uns langsam meinem Tempel nähern.

»Wir befinden uns an einem Ort, in einer Dimension, die ich dir als ELANTHARA vorstellen möchte. Elanthara ist die Heimat unzähliger Seelentempel. Nicht nur von Menschen, sondern von vielen unterschiedlichen Wesen. Dieser Ort befindet sich in vollkommener Balance und in immerwährendem Frieden. Ihn kannst du nur betreten, wenn du im Einklang mit dir selbst bist. Jeglicher Missklang und jegliche Energien der Angst oder des Hasses haben hier keinen Zugang.

Wenn du hier bist, wirst du Liebe finden und Liebe vermehren. Du wirst dich selbst finden, und nur dich. Jede Seele kann dabei nur ihren eigenen Tempel betreten, nicht diejenigen anderer Wesen.

Du kommst nach Elanthara, wenn du auftanken möchtest, Heilung, Inspiration oder Unterstützung suchst. Du kommst hierher, wenn du dich zwischen zwei Inkarnationen, zwei Leben, ausruhen möchtest. Deine Seele reist aber auch ab und an des Nachts, wenn dein physischer Körper schläft, hierher, um sich zu reinigen oder zu heilen. Hier kannst du deine lichtvollen himmlischen Begleiter treffen und noch unendlich viel mehr.

Es wird eine Zeit geben, in der ich und andere deiner Begleiter dir mehr über Elanthara, seine Seelentempel und ihre Aufgaben erzählen werden, hier und heute möchte ich dir aber etwas ganz Bestimmtes zeigen.«

Wir stehen unterdessen direkt vor meinem Seelentempel, und ich blicke auf ein rundes Tor direkt davor. Der Tempel ist von unglaublich vielen unterschiedlichen Blumen umrankt. Sie wachsen überall um ihn herum und an seinen Mauern hinauf. Ein wunderbares Licht scheint über allem, und ich schnuppere … es riecht himmlisch hier, süß und lieblich. Ich atme tief ein und fühle, dass ich mich innerlich entspanne und mich unendlich friedlich fühle.

»Möchtest du hineingehen?«, fragt mich DraMagan. Ich schaue zu ihm auf.
»Darauf kannst du deine Flugkünste verwetten, mein Freund«, sage ich und lächle ihn an.

»Dann öffne dein Herz, und das Tor wird sich für dich öffnen«, vernehme ich. Und während ich vor meinem Tor stehe, lasse ich einen Lichtstrahl von meinem Herzen ins Innere des Tempels fließen und sehe, wie auf einmal die vordere Front des Tempels vollständig geöffnet wird.

»Bitte nach dir«, lädt mich mein Drachenbegleiter ein, und ich laufe neugierig in den Tempel hinein. DraMagan folgt direkt hinter mir.

Mit staunenden Augen gelange ich ins Innere des Tempels. Er ist unheimlich groß, mit einer lichtvollen Kuppel, und in der Mitte des riesigen Empfangsbereichs sehe ich den Lichtstrahl, der durch das ganze Gebäude hinauf in den Himmel strahlt. In ihm schweben funkelnde, silberne und goldene Partikel, und ich höre leise Glockenklänge. Der Lichtstrahl ist von vielen wunderbaren Kristallen umringt. Ich kann nicht anders als mehrere Minuten lang verträumt davorzustehen und zu staunen.

»Kannst du mir mehr über diesen Lichtstrahl sagen?«
Ich muss wissen, was er bedeutet.

»Das ist eine komplexe Angelegenheit, im Augenblick nur so viel: Der Lichtstrahl ist die Verbindung zwischen deiner Seele, diesem Tempel und der Quelle allen Seins. Wenn du des Nachts im Schlaf mit deinem Lichtkörper deinen physischen Körper verlässt, kannst du direkt über diesen Lichtstrahl hierher gelangen. Das ist eine Reisemöglichkeit, die ihr immer wieder gerne nutzt. Du siehst, es muss nicht immer ein Drachenflug sein, auch wenn dieser deutlich mehr Spaß macht«, meint DraMagan und schmunzelt.

»Ohne Zweifel«, lache ich.

DraMagan geht weiter ins Innere hinein.
»Lass uns einen kleinen Rundgang machen. Ich kann dir, wie gesagt, heute nicht alles zeigen, dir aber einen kleinen Eindruck darüber verschaffen, was die Seelentempel beherbergen.«

Ich folge ihm, und ich sehe, dass vom Hauptraum aus an spiralförmigen Wegen Zugänge zu weiteren Räumen liegen. Wir gehen im Kreis, und ich kann immer mal wieder einen kleinen Blick in verschiedene Räume werfen. Es gibt keine Türen, sodass ich erkennen kann, dass jeder der Räume die Farbe wechselt, auch die Energien und Klänge, die ich aus ihnen entnehmen kann, verändern sich immer wieder.

»Genau so ist es«, bestätigt mir mein Drache meine Wahrnehmungen.
»Du findest hier unter anderem Räume, in denen du Heilung und Entspannung findest. In deinem Seelentempel gibt es eine Aufzeichnung deiner bisherigen Leben – so etwas wie eine kleine Version der Akasha-Chronik, nur eben auf dich bezogen. Du findest Räume, in denen du verschiedene Dinge lernen kannst, und es gibt sogar einen sphärischen Zwischenraum, in dem du alte Seelenfreunde wiedertreffen kannst.«

DraMagan läuft weiter, und ich folge ihm verblüfft. Es gibt hier so viel zu entdecken! Schon jetzt weiß ich, dass ich wiederkommen werde! Über unsere Seelentempel möchte ich noch viel mehr erzählen. Doch jetzt warten erst einmal noch andere Fragen.

»DraMagan, sag mir doch bitte, warum wir heute hier sind und was du als Drache mit meinem Seelentempel zu tun hast?«

Der Drache schnaubt und seufzt:
»Schon wieder mehrere Fragen auf einmal, aber gut, fangen wir damit an, warum ich dich heute hierher geführt habe. Du kannst dich vielleicht daran erinnern, dass du mich gefragt hast, wie ihr eure Kräfte und eure Macht wieder zu euch nehmen könnt. Daraufhin sind wir hier gelandet. Es gibt hier einen ganz bestimmten Raum, den ich dir nun gerne zeigen würde.«

Die Schatzkammern und die Drachenhüter

DraMagan führt mich zu einem Raum, der ganz warm von innen heraus strahlt.

»Darf ich bitten?« DraMagan verbeugt sich leicht vor mir.

Ich schaue hinein, und als ich neugierig den Raum betrete, bin ich überwältigt, von so viel warmem und goldenem Licht empfangen zu werden. Die Energie an diesem Ort ist äußerst intensiv. Ich muss ein paar Mal tief ein- und wieder ausatmen, um die Energien in mir etwas auszubalancieren.

Der Raum ist genauso aufgebaut wie der Eingangsbereich des Tempels und ebenfalls mit einer großen durchsichtigen Kuppel versehen. Er erscheint mir viel größer, als es von außen ersichtlich war.

»In der Tat gibt es hier keine festgelegten Raumgrößen, wie du sie kennst«, erklärt mir DraMagan.

»Jeder Ort in deinem Seelentempel ist unbegrenzt und kann so weit gedehnt und erweitert werden, wie es jeweils erforderlich ist.«

Ich schaue mich in dem runden Raum um und sehe, dass in den Wänden rundherum kleine Nischen sind, in denen leuchtende Energiekugeln schweben. Sie unterscheiden sich jeweils in Größe und Farbe voneinander. Manche haben nur eine, andere erstrahlen in mehreren, leuchtenden Farben. Sie pulsieren alle sanft vor sich hin.

»Was ist denn das?«, frage ich und gehe ein Stück näher heran, um sie mir genauer anzuschauen. Als ich direkt vor einer stehe, sehe ich auf einmal nicht mehr nur die Farben der Energiekugel, sondern eine Szene, die sich vor meinen Augen bildet.

»Berühre sie!«, flüstert DraMagan, der direkt neben mir steht. Ich folge seiner Aufforderung, und während ich die erstaunlich warme und leuchtende Kugel sanft mit den Händen umschließe, durchfließen mich intensive Gefühle. Ich sehe im Inneren der Kugel eine Szene aus meiner Kindheit, eine Begebenheit, die mich damals gedemütigt und gekränkt hat. Vor lauter Angst, Ärger und Trotz verschließt mein kleines Ich dort sein Herz, und ich sehe, wie sich ein kleiner energetischer Teil von mir löst, zu einer Kugel formt und hinauf in den Himmel schwebt. Während ich die Kugel berühre, kommen alle Gefühle, die ich damals empfunden habe, wieder in mir hoch. Oh, du lieber Himmel, ich hatte diesen Moment schon fast vergessen.

Nun sehe ich wie diese Kugel bis hierher zu meinem Seelentempel reist, wo sie von DraMagan liebevoll in Empfang genommen und in eine leere Nische gelegt wird. Er murmelt etwas in der Drachensprache, wodurch sich die Nische zu versiegelt scheint.

Ich bin innerlich so berührt, dass mir unterdessen zahllose Tränen über die Wangen laufen. Immer noch die Kugel in den Händen haltend schaue ich zu DraMagan:
»Was hast du da gesagt?«

Er schaut mich äußerst liebevoll an.
»Ich habe ein Gebet für diesen Seelenanteil gesprochen, es bedeutet: Du bist hier sicher bis in alle Zeit, bis deine Seele wiederkehrt und ist bereit, deine Energie in Liebe wieder anzunehmen.«

Ich lasse meinen Blick durch den ganzen Raum schweifen und staune, da sind noch so viele weitere Kugeln!
»Sind das alles meine?«, frage ich meinen Drachenfreund erschrocken.
»Sind das alles abgespaltene Seelenanteile?«

»Beruhige dich Liebes, nein, das sind nicht nur deine abgespaltenen Seelenanteile. Dies hier ist deine Schatzkammer, so, wie jedes Wesen in seinem Seelentempel seine eigene Schatzkammer hat. Hier wird all das aufbewahrt, was deine Seele einmal von sich gestoßen hat.

Vieles hatte sie noch gar nicht angenommen, und es stecken noch viele weitere mögliche neue Potenziale in Form von Energiekugeln hier. All das, was du hier siehst, kannst du entweder wieder zu dir nehmen oder neu entdecken und anfordern, wenn die Zeit dafür reif ist. Es sind machtvolle Anteile, es sind Schätze von unglaublichem Wert, und ich darf ihr Hüter, dein Begleiter und Erinnerer sein – das erfüllt mich mit Ehre und Dankbarkeit.«

Ganz vorsichtig lege ich meine Kugel wieder in ihre Nische, wo sie gleich wieder zu schweben beginnt. Ich muss jetzt erst einmal DraMagan umarmen, es geht nicht anders. Ich laufe zu ihm und schlinge meine Arme um seine Brust.

»Danke, danke, danke, DraMagan, dass du dies alles für mich tust, geliebter Freund, ich hatte ja keine Ahnung.« Wir blicken uns tief in die Augen, und ich kann auch bei ihm Tränen erkennen.

»Du meine Güte, ich wollte doch bloß einmal ein kleines Interview mit einem Drachen führen und ein bisschen etwas über euch erfahren! Und dann erlebe ich all diese unglaublichen Dinge!« Ich bin aufgewühlt und glücklich zugleich, meine Emotionen überschlagen sich.

»Gibt es in jedem Seelentempel einen Drachen?«, will ich von ihm wissen.

»Jede Schatzkammer hat einen Hüter. Viele Drachen haben sich dazu bereit erklärt, diese Aufgabe zu übernehmen. Doch nicht alle Drachen sind auch gleichzeitig Hüter. Es gibt auch noch andere Wesenheiten, die sich dieser Aufgabe angenommen haben. Es ist so, dass wir Hüter in der Regel die Seelen, denen wir dienen, schon länger kennen. Meistens sind wir alte Seelenfreunde, die bereits seit Äonen voneinander wissen, so wie wir beide«, merkt mein Hüter an.

»Wieso müsst ihr unsere Schatzkammer denn beschützen, du sagtest doch, dieser Ort sei ein Ort der Liebe und des Friedens?«, fällt mir nun ein.

»Die Bezeichnung ›beschützen‹ ist auch nicht wirklich passend«, erklärt mir DraMagan.
»Wir sind die Hüter, das bedeutet, wir sorgen dafür, dass eure innersten Schätze durch eine Wesenheit, die eurer Seele nah ist, umsorgt und energetisch gehalten wird. Wir sind da, um eüre Anteile in Empfang zu nehmen und sie mit unserer Energie hier willkommen zu heißen. Dies ist ein Ritual der Wertschätzung. Wenn es so weit ist, helfen wir den Seelen dann dabei, diese Anteile oder auch die neuen Potenziale wieder zurückzunehmen, wir begleiten euch bei diesen und vielen weiteren Schritten. Dafür müssen wir nicht immer persönlich anwesend sein, wir führen ja durchaus auch noch unser eigenes Leben. Wir sind hier, wenn ihr unsere Unterstützung braucht. Da

wir eine tiefe energetische Verbindung zu euren Seelentempeln haben, spüren wir jederzeit, wann unsere Anwesenheit hier gebraucht wird und wann nicht.«

»Kommt es auch vor, dass sich ein Drache um mehrere Seelentempel kümmert?«, frage ich interessiert.

»Nein, ein Drachenhüter verpflichtet sich nur für eine Seele und dessen Tempel. Eure Seelen sind sehr komplex und vielschichtig, müsst ihr wissen. Aber habe bitte Verständnis, dass eine genaue Erklärung hierzu im Augenblick zu zeitaufwendig wäre, wir können uns sicherlich ein anderes Mal intensiver darüber unterhalten.«

Ich nicke verständnisvoll, natürlich würde ich am liebsten gleich alles erfahren, aber ich verstehe, dass wir uns dieses Mal auf andere Dinge konzentrieren sollten. Ich blicke noch einmal zu der Energiekugel, die ich zuvor erfühlt habe:
»Was meinst du, ist es möglich, dass ich diese Energie, die ich dort damals im Kindergartenalter abgespalten habe, wieder zu mir nehme?«

DraMagan lächelt weise:
»Natürlich, denn du hast dir ja nicht ganz zufällig diese Energie ausgesucht, um sie zu betrachten, sondern gingst mit ihr bereits in Resonanz. Die Zeit ist jetzt überaus passend, diese Energie wieder mit dir zu vereinen. Wenn du möchtest, hole sie und folge mir anschließend.«

Oh wie wunderbar! Ich freue mich sehr und laufe zu meiner Energiekugel. Ganz vorsichtig hebe ich sie aus ihrer Nische und halte sie ganz nah an mein Herz. Während ich das tue, fängt sie an, intensiver zu leuchten – wie interessant. Es scheint fast so, als würde so etwas wie ein innerer Aufruhr, eine Aufregung von ihr ausgehen. Vermutlich freut sie sich genauso wie ich, dass wir wieder zueinanderfinden.

Unser Schöpfungsthron

Ich folge meinem Drachen weiter in die Mitte des Raumes, in dem sich ein wunderschöner, großer Thron befindet! Wieso ist der mir vorher gar nicht aufgefallen? Meine Wangen werden ganz heiß, als ich ihn anschaue und mich ihm langsam nähere. Er scheint vollständig aus Bergkristall zu bestehen. Geschmückt und verziert mit unzähligen Efeuranken und zauberhaften Blüten. Der Kristall und die Blumen sind miteinander verbunden, sie fließen regelrecht ineinander über, und als ich mir den Thron von Nahem anschaue, sehe ich, dass er vollständig leuchtet und pulsiert. In diesem Raum scheint alles zu leben, denke ich ehrfürchtig.

»Selbstverständlich, dein ganzer Seelentempel ist ein lebendiger und sich selbst bewusster Ort, gespeist von der Energie der Quelle allen Seins und vor allem auch mit deiner Energie, deiner Seelenenergie«, erklärt mir DraMagan.

Er stellt sich nun neben den Thron und gibt mir mit einer Geste zu verstehen, dass ich Platz nehmen darf. Ich muss mich einfach noch einmal vergewissern und frage deshalb:

»Ist das … ist das wirklich mein Thron?«

»Wie könnte es anders sein, Liebes? Du weißt doch, wo du hier bist. Dies ist dein Schöpfungsthron, denn du bist eine schöpferische und weise Seele. Jede Seele besitzt einen solchen Seelentempel, und in jedem gibt es auch einen Thron und eine Schatzkammer. Dir präsentiert sich dieser Raum so, jemand anderem kann er sich ganz anders zeigen, doch immer sind die Dinge vorhanden, die eure Energie und euer Sein repräsentieren. Euer Thron ist nicht dazu da, um euch über andere zu erheben, er dient euch dazu, euer Seelenerbe wieder anzunehmen, dazu, wieder zu erkennen, wer ihr wirklich seid. Hier seid ihr eurem Sein ganz nah, einem Sein ohne Schuld, Scham, Angst oder Zweifel. Hier SEID ihr. Dieser Ort hilft euch, wieder EINS zu werden mit euch selbst, soweit ihr das wünscht.«

»Wow«, ist das Einzige, was ich dazu herausbringe. Mit einem Herzklopfen setze ich mich auf meinen Thron, meine Energiekugel immer noch in meinen Händen. Und dann entspringt meinem Mund nur noch ein weiteres »Oh, wow«, denn mir wird klar, dass mein Thron aus bewusster Energie besteht. Der Stuhl fühlt sich nicht kühl und starr an, wie vermutet, sondern weich und anschmiegsam. Ich spüre, wie er sich meiner Körperform anpasst, sich richtig mit mir verbindet und ich mich sofort sicher und geborgen fühle. Ich fühle mich am absolut richtigen Platz und höre mich selbst, wie ich einen tiefen Seufzer von mir gebe. Es tut so gut, hier zu sitzen, angekommen in mir. Ich spüre, wie alle meine Chakren aufleuchten und in Einklang gebracht werden. Alles in mir scheint aktiviert und erleuchtet zu werden. Mein ganzer Körper ist ein einziges Energiefeld, das sich um mich herum ausdehnt. Dann spüre ich, wie sich mein Kronenchakra, ganz oben am Scheitel meines Kopfes, öffnet und wie ein Lichtstrahl, ähnlich dem, den ich schon im Eingangsbereich des Tempels gesehen habe, sanft durch mich hindurchfließt. Ich spüre nun eine Verbindung mit allem, was ist. Ich genieße diesen Moment und bleibe eine ganze Weile in dieser wunderbaren Energie.

Dann siegt doch die Neugier. Ich bin sehr gespannt, wie ich meine kraftvolle Energie, die ich vor langer Zeit von mir abgespalten habe, wieder annehmen kann.

»Und was geschieht jetzt?«, ich schaue meinen Drachenhüter fragend an.

»Jetzt ist es an der Zeit, dass du selbst mithilfe der Kraft deines Herzens und der Flamme darin, deinen Wunsch und deinen Willen äußerst, deine Energie, die du gerade in Händen hältst, wieder zu dir zu nehmen. Alles Weitere wird sich von selbst ergeben«, erklärt er mir, während er sich hinter meinen Thron stellt und seine Flügel weit ausbreitet.

Ich überlege kurz, was ich denn sagen könnte, spüre aber, dass es nicht so wichtig ist, welche Formulierung ich wähle, sondern, dass ich es einfach ganz tief aus dem Herzen heraus mache.

Ich spüre in meine Mitte und konzentriere mich auf die Flamme in meinem Herzen, von der DraMagan gerade sprach. Ich fühle sie, wie sie in mir lodert, und merke, wie mein Drache hinter mir leicht pustet und die Flamme in mir damit anfeuert. Sie wird größer und größer! Ich fühle ihre, meine Kraft und Stärke!

Ich halte die Energiekugel nun in Höhe meines Herzens und lasse die Worte aus mir herausfließen, die gerade kommen möchten:

»Du gehörst zu mir, du bist mein, hiermit nehme ich dich zurück in mein Sein.«

Kaum habe ich meine Worte formuliert, geschehen mehrere Dinge gleichzeitig: Ich sehe und fühle, wie die Energiekugel vor mir immer größer und strahlender wird. Ich lasse sie los, denn ich habe das Gefühl, dass sie ihren Weg zu mir zurück ganz alleine finden wird und ich sie nur behindere, wenn ich sie weiter festhalte. Ich spüre, dass auch DraMagan hinter mir sein Energiefeld ausdehnt, und auf einmal höre und spüre ich, wie er Feuer speit und mich und meine Energiekugel damit einhüllt. Doch ich merke schnell, dass dies kein gewöhnliches Feuer ist, sondern ein rot-orange-gelb-grünes Energiegebilde, das alles um uns herum vollständig einhüllt. Mein ganzer Körper beginnt zu beben, und mein kraftvoller Anteil in Form der Energiekugel vor mir beginnt immer mehr zu leuchten und sich um sich selbst zu drehen. Dabei bewegt sie sich immer weiter nach oben, bis sie über meinem Kronenchakra schwebt. Auf meinem Scheitel kribbelt es wie wild, und ich habe das Gefühl, das mein Kopf ein einziger großer, geöffneter Kelch ist. Alle Energie um mich herum schwingt in einer unglaublich hohen Intensität, als meine Energiekugel plötzlich mit einem wunderbaren Glockenklang ihre Form zu einer länglichen, fließenden Energie verändert und durch meinen Scheitel in mich hineinfließt. Ich schnappe nach Luft. All dies geschieht so schnell und in einer ungeheuren Intensität, dass es mich überwältigt. Ich fühle, wie diese Energie mich vollständig erfüllt, um sich dann in meinem Herzen, in meinem dortigen Chakra und Energiezentrum zu verankern …

Dann wird alles still.

STILLE in mir.
FRIEDE in mir.
LIEBE in mir.

Manchmal weiß man nicht, dass etwas fehlt, bis man es wieder hat. So geht es mir gerade. Dieses Gefühl ist mit Worten nicht erklärbar.
Diese Erfahrung können wir alle machen, mit allen Anteilen, die wir im Laufe unserer Leben aus Angst, Hass, Wut,

Schuld und noch so einigen anderen Gefühlen, von uns abgespalten haben. Neben diesen alten fühle ich jetzt auch noch all die anderen, neuen, zusätzlichen Potenziale, die nur darauf warten, von uns in Besitz genommen zu werden. Sie gehören ebenfalls zu uns, wenn wir uns dafür entscheiden. Sie stehen bereit, für jeden Einzelnen von uns.

Ich sitze immer noch auf meinem Thron. Ich kann mich nicht bewegen, und will es auch gar nicht, ich bin zugleich erschüttert und im Innersten erfüllt. Ich blicke auf all die anderen Energiekugeln, die noch in ihren Nischen warten. Ich mag mir kaum ausmalen, wie es sein wird, wenn ich weitere davon wieder zur mir zurückhole. Ich spüre, dass ich niemals alle auf einmal zurück in mein Herz holen könnte, die Intensität würde mich überwältigen. Doch ich weiß, dass es nach und nach möglich sein wird.

Dann höre ich DraMagan. Er fängt leise an zu singen. Es klingt nach einem Loblied. Ich verstehe seine Worte nicht, doch ich kann die feierliche und freudige Energie dahinter fühlen. Er singt immer lauter und kräftiger, der ganze Raum wird von seiner wunderbaren Stimme erfüllt, alles schwingt und klingt. Ich lausche dieser einzigartigen Melodie, bemerke, wie sie mich tief durchdringt, und fühle tiefe Dankbarkeit in meinem Herzen.

Als er endet, spüre ich, wie er seine Flügel wieder anlegt und langsam zu mir vor den Thron läuft.

Er schaut mir mit einem glücklichen Lächeln in die Augen und verbeugt sich:
»Es ist vollbracht!«

Ich stehe ebenfalls auf und verbeuge mich meinerseits vor ihm:
»Ich danke dir.«

Für eine Weile bleiben wir voreinander stehen und sehen uns an. Zwischen uns herrscht in diesem Moment ein wortloses Verstehen. Er weiß, was ich gerade erlebt habe, dass ich wieder ein Stück mehr ich geworden bin, und ich weiß, was dabei sein Dienst an meiner Seele war.

Ich hatte alles Mögliche erwartet, als ich diese Reise antrat, doch niemals das! Diese intensive, heilende und erfüllende Erfahrung!

Ich frage mich in meinem Herzen gerade, wie dieser machtvolle Moment, diese Energien, in einem kleinen Buch wie diesem, das du, liebe Leserin, lieber Leser, gerade in Händen hältst, überhaupt vermittelt und wie ich dieser Erfahrung in Wort und Schrift überhaupt gerecht werden kann?

DraMagan schmunzelt:
»Es kommt nie auf die Größe an, sondern nur darauf, was hinter einer Wesenheit und einer Erfahrung steht. Die Wahrheit, die Liebe, bedarf keiner langwierigen Erklärung, keiner großen Worte, wenn sie fließt und ihre Kraft und Macht entfaltet.

Jede Seele, die gerade diese Worte liest, die gerade ihr Herz pochen fühlte, während dieser Erzählung, weiß, dass auch sie diese Erfahrung machen wird, dass es da etwas gibt, auf das sie schon lange wartet und das hiermit seinen Anfang nimmt. Jede Wesenheit, für die dieses Wissen wichtig ist, wird zu ihr gelangen, ausnahmslos.

Fühlst du gerade jetzt in diesem Augenblick in dir – und ja, ich meine dich, die oder der du gerade diese Zeilen liest, und niemand anderen –, dass dich diese Erfahrung, die wir gerade mit dir geteilt haben, im Innersten deiner Seele berührt hat, dann weißt du, dass auch auf dich dein Seelentempel, deine Schatzkammer und dein Hüter warten, um dich wieder mit dem zusammenzuführen, was schon immer dir gehörte.

Diese Schatzkammer ist voll von Energien, die die deinen sind. Jede einzelne Energie gehört zu deinem Kraft- und Machtpotenzial. Alle Kraft und Macht darf von dir wieder in Anspruch genommen werden, damit du dich wieder ganz, heil und souverän fühlen kannst. Sei dir außerdem bewusst, dass all diese Macht nichts anderes ist als Liebe. Sie war immer Liebe und wird immer Liebe sein! Wisse, du hast das Recht, diese Liebe zu leben, in allen Facetten des Lebens – so sei es!«

Der ganze Raum ist von DraMagans Worten erfüllt.
Ich bin sehr bewegt, und in mir lodert eine unbändige Freude, das alles in Worte fassen zu dürfen, die hoffentlich auch einen Teil dieser Energien zu dir, lieber Leser, liebe Leserin, transportieren werden.

»Komm, wir verlassen nun diesen heiligen Raum. Ich spüre, dass du noch Fragen an mich hast. Wir werden noch Zeit haben, diese zu erörtern, aber ohne die Energie hier drin zu stören«, sagt er dann, dreht sich um und läuft voraus, aus meiner Schatzkammer hinaus.

Ich folge ihm, neu gestärkt und mit einem wunderbaren Gefühl von innerem Frieden.

Die Drachenkraft-Energien

Wir gelangen zurück zur Eingangshalle, und ich bin abermals erstaunt über die Größe der Räume. Ich entdecke sogar eine Blumenwiese, mit Bäumen und einem kleinen Bachlauf. Wie so etwas in einem »Innenraum« zustande kommt, ist mir schleierhaft, doch ich versuche, mir nicht zu viele Gedanken über das »Wie« zu machen.

»Das ist auch gut so, der menschliche Verstand kann sich das nicht erklären. Wisse, dass du hier in deinem Seelentempel all das erschaffen kannst, was du gerade benötigst. Du kannst dir jederzeit neue Räume und Landschaften darin erträumen, und sie werden da sein, um dir zu dienen«, vernehme ich die Stimme meines Freundes.

Er legt sich bequem auf die Blumenwiese. Direkt vor ihm steht eine wunderschön geschnitzte Holzbank, auf der ich mich niederlasse.

»Du hast recht, ich habe natürlich noch Fragen«, lächle ich ihn an.

»Sie werden nie ein Ende nehmen, fürchte ich«, zwinkert er mir zu.
»Aber richten wir unsere Aufmerksamkeit jetzt auf das, was du deinen Lesern noch mitgeben möchtest.«

Innerlich gehe ich noch einmal zurück zu meiner Verbindungszeremonie eben in meiner Schatzkammer. »Du hast, als du während meiner Zeremonie hinter mir und meinem Thron standest, eine Energie über alles gespien, das war kein normales Feuer, oder?«

»Das ist wahr! Wir Drachen haben die Möglichkeit, unsere innere Kraft in Form von Energien an die Wesen weiterzugeben, mit denen wir arbeiten und denen wir dienen. Es sind unsere Drachenkraft-Energien. Wenn du dich erinnerst, wir haben dir einige auch schon bildhaft übermittelt. Jede dieser Drachenkraft-Energien hat ihre eigene Schwingung, und ich habe vorhin in deinem Thronsaal, deiner Schatzkammer, die reine Schwingung der Liebe über diesen Moment gelegt.

Diese Energie schwingt so pur und verstärkt jegliche Aktion, so habe ich sie heute für dich eingesetzt.

Diese Drachenkraft-Energien dürfen in Zukunft noch viel mehr genutzt werden, und da du so wunderbar empfänglich für diese Energien auch in bildhafter Form bist, werden wir dir demnächst weitere dieser Energien übermitteln, damit noch mehr Menschen damit arbeiten können.«

»Jetzt verstehe ich! Das war es also! Ja, sie kam mir so bekannt vor«, erinnere ich mich und auch daran, dass ich diese Energien bereits in einige meiner Bilder habe einfließen lassen. »Dann bin ich mehr als gespannt, was ich da für uns alle empfangen darf!

DraMagan, kannst du mir bitte erzählen, wie wir diese Erfahrung, die ich gerade erlebt habe, auch für andere Menschen, also meine Leser erlebbar machen können? Gibt es eine Anleitung dafür, die du mir mitgeben kannst?«

Der Drache hebt seinen Kopf, der bis dahin auf seinen Klauen gelegen hatte, und schaut mich mit einem amüsierten Schmunzeln an:
»Ach ihr Menschen, für alles braucht ihr eine Anleitung.«

Er wird allerdings etwas ernster, als er mir erklärt:
»Es ist absolut legitim, wenn ihr euch in eurer Entwicklung gegenseitig unterstützt und inspiriert, und in Gruppen gemeinsam neue Erfahrungen macht. Doch seid euch bewusst: Je mehr ihr bereit seid, eure Schöpferkräfte wieder anzunehmen, umso mehr müsst ihr auch selbstständig handeln. Sucht und findet Informationen und Inspirationen, doch gebt eure Macht nicht ab, indem ihr nur darauf hört, was andere euch vermitteln. Es gibt nicht nur die eine Wahrheit, es gibt nicht nur den einen Weg. Wer euch dies predigt, hat selbst noch nicht verstanden, wie Schöpfung funktioniert.

Die Zeit ist gekommen, nicht mehr einzelne Menschen als eure Lehrer und Götter in den Himmel zu loben, sondern, dies mit euch selbst zu tun!« DraMagans Stimme nimmt einen klaren und unmissverständlichen Ton an: »Wie wollt ihr souveräne Schöpfer sein, wenn ihr immer genau den Weg einschlagt, den andere euch vorbeten? Jeder einzelne Weg ist einzigartig! Was wir euch geben können, sind innere Bilder, sind Energien und Gefühle, die eure Herzen öffnen und euch noch intensiver mit euren Seelen verbinden.

Diese inneren Bilder werden zum Beispiel in deinem Wirken sichtbar, Shayana, durch die Erfahrungen, die du mit uns machst und in deinen Büchern mit anderen teilst, oder in den Kunstwerken, die du für die Menschen erschaffst. Sie wirken spielerisch, experimentell und laden ein, die eigenen inneren Seelenwelten zu erkunden. Genauso gibt es viele andere Menschen und Wesen, die solche inneren Welten für euch erfahrbar machen, jeder so, wie es seinen Talenten entspricht.«

Eine dringende Empfehlung

»Ich möchte euch folgenden Rat, folgende Empfehlung aussprechen, für jeden, der sich nach der Verbindung zu den Drachen, seinem Drachenhüter und seinem Seelentempel sehnt:

Wenn in euch die Begeisterung aufflammt, diese Erfahrung ebenfalls machen zu wollen, dann vertraut eurer Seele, vertraut darauf, dass ihr alles in euch habt, um diese auch zu erleben.

Zweifel sind hier unangebracht! Vertraut euch!

Ihr benötigt keine spezielle Ausbildung, keine Einweihung oder Ähnliches! Baut in euch nicht den Druck auf, dies jetzt unbedingt erleben zu müssen. Für jeden von euch wird es einen Zeitpunkt geben, der richtig ist, der im Einklang mit eurer Seele sein wird. Wenn ihr das Bedürfnis und die Sehnsucht in euch spürt, dann formuliert dies in euren Herzen. Fühlt in euch, dass ihr bereit seid für diese Erfahrung. Baut Meditation und Stille in euren Alltag ein, keine komplizierten Rituale, nur Zeiten, in der ihr in euer Innenleben abtauchen könnt.

Nehmt euch diese Auszeiten abseits der Hektik des Alltags. Wenn eure Seele dann weiß, dass sie immer wieder tiefe Momente der Stille findet, wissen auch eure lichtvollen himmlischen Begleiter, dass ein energetischer Raum dafür geschaffen wurde, euren Seelentempel bewusst zu besuchen.

Du, lieber Leser oder liebe Leserin, kannst dir gerne, wie Shayana das auch tut, deinen inneren Herzraum vorstellen, indem du verschiedene Dimensionsportale öffnest. Doch sei dir bewusst, dein Zugang kann anders aussehen! Vielleicht gibt es einen inneren Ort, der dir geeignet erscheint, mit dem du sowieso schon arbeitest? Wunderbar, dann nutze diesen! Wenn du gerne mit deinen Engeln arbeitest, mit ihnen wirkst, dann bitte sie, dir bei der Reise zu deinem Seelentempel und zu den Drachen behilflich zu sein. Vertraue deinen eigenen inneren Bildern! Rufe dir immer wieder in Erinnerung: Es gibt nicht nur einen richtigen Weg. Alles, was sich für dich richtig anfühlt, ist angemessen.

Sei dir bewusst, dass der Hüter deines Seelentempels mit deinem Thronsaal und deiner Schatzkammer und noch so vielen anderen energetischen Räumen, vermutlich ein Drache sein wird, es aber nicht sein muss! Es gibt auch Engel und andere himmlische Begleiter, die als Hüter von Seelentempeln dienen. Dies ist meist dann der Fall, wenn du mit diesem Wesen schon sehr lange eine innige und besondere Verbindung hast.

In der Regel wird es jedoch ein Drache sein, denn wir sind die Spezialisten unter den Hütern, wenn man es so ausdrücken möchte.

Dein Zugang zur Drachenwelt, zum Drachenbewusstsein, wird in jedem Fall ein Dimensionsportal sein. Viele spüren, dass diesen Portalen eine intensive, feurige Energie entspringt. Wenn du dir unsicher bist, ob du wirklich vor dem Portal zur Drachenwelt stehst, bitte das Portal, sich dir zu offenbaren! Jedes Portal hat ein Bewusstsein, das auf eine Frage stets wahr antwortet. Richte deine Frage also an das Portal – Ist dies der Zugang zum Drachenbewusstsein? – und schaue, was es antwortet. Die Antwort kann in Form eines Bildes oder einer inneren Stimme erfolgen, sie wird aber auf jeden Fall eindeutig sein.

Wenn du dich noch nicht traust, hindurchzugehen, kannst du dir das Drachenportal auch zuerst von außen ansehen, bis du damit vertraut bist. Du brauchst keine Angst davor zu haben, dass es dich auf einmal nicht mehr hindurchlässt. Es weiß, wann du soweit bist, es zu durchschreiten. Und, wie gesagt, wenn du denkst, dass es für dich zu aufregend ist, bitte deine Engel um Beistand. Sie unterstützen dich jederzeit gerne.

Eines Tages wird es so weit sein, du wirst durch das Portal schreiten und in die Drachenwelt eintauchen. Sei offen, unvoreingenommen und freue dich! Sei dir gewiss:

Dein Drachenhüter wird es wissen, wenn du durch das Tor hindurchgegangen bist! Er ist mit dir verbunden und wird deine Anwesenheit sofort spüren. Schon einige Zeit vorher wird er fühlen, dass du dich auf den Weg zu ihm machst. Daher wird er kommen und deine Erinnerung an eure Seelenverbindung anstoßen. Mache dich auf eine Reise zu einem alten Freund gefasst.

Wenn es deinem Wunsch entspricht, werdet ihr gemeinsam nach Elanthara zu deinem Seelentempel reisen. Auch dieser kann anders aussehen, als Shayana ihren beschrieben hat. Doch er wird immer Räume haben, die wandelbar und unbegrenzt sind, er wird eine Lichtsäule in seiner Mitte beherbergen und dein innerstes Zuhause sein. In deiner Schatzkammer wird all das auf dich warten, was du seinerzeit von dir abgespalten hast. Es warten Schätze und Potenziale auf dich, die du dir noch nicht einmal in deinen Träumen vorzustellen vermagst. Lasse dich auf das wunderbare Wesen ein, dass du BIST!

Dein Hüter und deine himmlischen Begleiter freuen sich auf dich!«

Gebannt und ohne einen Mucks von mir zu geben, habe ich DraMagan zugehört. Ich glaube, da werden demnächst viele wunderbare Reisen in die Drachenwelt und nach Elanthara geplant werden!

»Ich danke dir, mein Lieber«, sage ich.

»Ja, ich kann diese Ausführungen unterstreichen. Es ist wichtig, dass wir alle uns gegenseitig zwar Impulse und Inspirationen geben, aber immer auch innerlich nachspüren, welcher Weg für uns persönlich der richtige ist. Sollten wir innerlich fühlen, dass da noch andere Komponenten oder Wege dazukommen, dann dürfen wir denen durchaus vertrauen.

Ich würde den Lesern trotzdem sehr gerne noch etwas mitgeben, so etwas wie eine Übung, um in eure Energie, die Drachenenergie hineinspüren zu können, wäre es möglich, dass du uns da etwas vermittelst?«

DraMagan erhebt sich, beugt seinen Kopf zu mir herunter und schaut mich intensiv an.
»Ja, ich glaube, so etwas ließe sich machen«, ich habe mal wieder das Gefühl, er schaut mir mitten in die Seele.

Ich streichle seinen Kopf und schmiege mich an ihn. Ich spüre, dass unsere heutige Reise langsam zu Ende geht, auch wenn ich so gerne noch hierbleiben würde. Doch meine Konzentration lässt nach und alles, was ich hier erlebt habe, war sehr aufregend. Ich fühle in mir eine Sattheit und auch Müdigkeit.

»In der Tat ist es jetzt Zeit für dich, zurückzukehren. Du und die Energien in dir waren in großer Aufruhr. Du brauchst Ruhe, damit sich alles in dir integrieren und setzen kann. Du hast hier so viel gesehen und erlebt, dein Inneres muss dies erst einmal verarbeiten. Du kannst hier durch den Lichtstrom, der das Herzstück deines Seelentempels ist, zurück in deinen physischen Körper reisen. Dies ist im Augenblick für dich der einfachste und schnellste Weg. Ich bin sicher, auf meinem Rücken würdest du einschlafen! Ich werde dir später eine kurze Übung an die Hand geben, mit der alle, die es sich wünschen, in die Drachenenergie eintauchen können.«

Er umarmt mich, und unsere Herzen fühlen noch einmal unsere innere Verbindung.

»Wir sehen uns aber bald wieder, oder?«, muss ich von ihm wissen.

»Wann immer du willst, ich bin jederzeit für dich da«, flüstert mein wunderbarer Drachenfreund.

Ich lächle müde, aber glücklich. Mit einer letzten Umarmung und einem Kuss auf sein Maul verabschiede ich mich von ihm.
»DANKE, DraMagan, mein alter Freund.«

Er sieht mir freundlich nach, als ich zu dem riesigen Lichtstrahl gehe. Es befindet sich ein kleiner Pfad davor, der direkt hineinführt. Ich bin unterdessen schon zu müde und erschöpft, um mir Gedanken darum zu machen oder ängstlich zu sein. Ich gehe einfach hinein und drehe mich so, dass ich wieder nach vorne sehe. Mein Blick streift noch einmal kurz Elanthara, das durch den Vordereingang zu sehen ist, dann sehe ich DraMagan in die Augen. Sie blitzen auf, und da spüre ich schon, wie sich das funkelnde Licht um mich herum auf meinen ganzen Körper ausbreitet und mein Lichtkörper sich in all seine Bestandteile auflöst und wie durch Zeit und Raum reist.

Das Nächste, was ich wahrnehme, ist mein physischer Körper. Ich strecke meine Gliedmaßen, die sich etwas steif anfühlen, gähne herzhaft und lege mich wieder hin. Nun brauche ich erst einmal eine Mütze Schlaf.

Übung: Drachenenergie spüren

Liebe Leserin, lieber Leser,

du bist nun sicherlich neugierig geworden und fragst dich, wie sich die Drachenenergie denn anfühlen könnte.

Gerne möchten DraMagan und ich dir nun einen kleinen Vorgeschmack darauf geben. Wenn du möchtest, folge uns durch diese inneren Bilder, und lasse dich von deinem Herzen dabei leiten.

Sei ganz offen, ohne dich auf ein bestimmtes Ergebnis zu versteifen, versuche einfach, neugierig und vertrauensvoll zu bleiben.

Ein kleiner Tipp: Um diese Reise zu unternehmen, brauchst du nicht zwingend jemanden, der dir diese Übung vorliest! Sie ist bewusst einfach und klar gehalten, sodass du sie dir, wenn du sie dir vielleicht 2-3 Mal durchgelesen hast, gut einprägen und aus deiner Erinnerung heraus den inneren Bildern folgen kannst. Außerdem lässt sie genügend Raum für deine eigenen Empfindungen, denen du ruhig vertrauen darfst!

Suche dir einen ruhigen und ungestörten Moment. Du kannst diese Übung gerne in eine bestehende Meditation einbinden. Bringe dich selbst zur Ruhe, begib dich mittels deines Atems in die Stille und entspanne deinen Körper. Fühle dich sicher und geborgen.

Stelle dir vor, wie du immer tiefer in dein Herzzentrum hineinatmest, lasse es sich ausdehnen und zu einem Raum werden, den du betreten kannst. Vielleicht kennst du diese Methode bereits, dann folge deinem Inneren.

Begib dich in deinen inneren Herzraum und schau dich dort um. Es kann ein richtiger Raum oder auch ein Ort in der Natur sein, folge den inneren Bildern, die sich dir eröffnen, sie werden immer richtig sein.

Gerne kannst du auch, wenn du dich dann sicherer fühlst, deinen Schutzengel dazubitten.

Bitte nun darum, dass sich das Drachenportal vor dir manifestieren möge. Sieh, wie das Tor vor dir erscheint, und nimm ganz unvoreingenommen wahr, wie es für dich aussieht. Betrachte es aus verschiedenen Perspektiven und mache dich damit vertraut.

Stell dich nun direkt davor und sprich zu dem Portal:

»Ich rufe das Drachenbewusstsein aus der lichtvollen Quelle allen Seins. Ich rufe den Drachen, der sich mir und meiner Seele in Liebe verbunden fühlt, und bitte darum, dass er Kontakt zu mir aufnimmt und sich mir durch dieses Portal zeigt.«

Wenn du und dein Herz sich zu dieser Übung hingezogen fühlen, wird es einen Drachen geben, der deiner Seele ganz nah ist und sich angesprochen fühlt.

Sieh, wie die Oberfläche des Drachenportals sich klärt und so klar wie ein Fenster wird, durch das du eine andere Welt, die Drachenwelt, wahrnehmen kannst.

Atme ganz ruhig und gelassen.

Beobachte ganz entspannt, was geschieht. Kannst du sehen, wie sich dir langsam auf der anderen Seite des Tores ein Drache nähert? Er wird dies langsam tun, um dich nicht zu erschrecken. Schau ihn dir an! Wie sieht er aus? Welche Farben hat er?

Atme weiter tief ein und aus. Manchmal versucht dein Drache jetzt schon, telepathisch mit dir in Kontakt zu treten. Horche, was er dir sagen könnte.

Sei jedoch nicht enttäuscht, wenn du noch nichts vernimmst. Du bist gerade dabei, auf vielen verschiedenen Ebenen neue Dinge wahrzunehmen, sei geduldig mit dir. Sieh weiter zu, wie dein Drachenfreund immer näher kommt, bis er direkt vor dem Portal steht. Er blickt dir freundlich und mit großer Freude in die Augen. Nun hebt er eine vordere Klaue und legt sie sanft auf seine Seite des Portalfensters. Du spürst, dass er dich einlädt, auch deine Hand auf deine Seite des Portals zu legen, direkt auf seine Klaue. Wenn du das möchtest, nimm deine linke Hand und nähere dich langsam seiner Klaue. Du wirst merken, dass du in deiner Hand, je näher du seiner Klaue kommst, immer deutlicher ein energetisches Kribbeln verspürst. Hab keine Angst, und lege deine Hand dann direkt auf seine Klaue. Nimm nun dabei wahr, wie du das Wesen des Drachens nicht nur visuell, sondern auch energetisch erspüren kannst. Eventuell vernimmst du sogar seinen Namen? Du wirst durch diesen Kontakt merken, dass ihr euch schon kennt, dass dieses wundersame Wesen kein Fremder für dich ist.

Lasse die Gefühle, die dabei in dir aufkommen, einfach zu. Erinnere dich, dass du immer noch in absoluter Sicherheit bist und dir nichts geschehen kann.

Vielleicht möchtest du es nun im Augenblick dabei belassen. Eventuell ist bereits diese Begegnung so aufregend für dich, dass du dies erst verarbeiten möchtest. Dein Drache hat dafür Verständnis. Nun bedanke dich bei ihm, gehe ein paar Schritte zurück, und begib dich wieder langsam und mit tiefen Atemzügen zurück in dein Wachbewusstsein.

Wenn du jetzt noch neugieriger geworden bist und noch mehr wissen möchtest, dann kannst du deinen Drachen telepathisch darum bitten, dir noch mehr über eure Verbindung zu vermitteln. Dann wirst du spüren, wie er, immer noch mit deiner Hand verbunden, sein eigenes Herzchakra öffnet und einen Lichtstrahl durch das Portal in dein Herz fließen lässt. Nun kannst du die Herzensenergie des Drachen spüren! Du wirst dabei Gefühle, Bilder und noch vieles mehr wahrnehmen können. Durch diese Herzverbindung lüftet sich der Schleier und du wirst dich wieder daran erinnern, wer dein Drache ist, woher ihr euch kennt und was euch verbindet.

Lasse dich vertrauensvoll auf diese Bilder und Empfindungen ein. Tauche ein in die Erinnerung, und erfreue dich daran, einen alten Seelenfreund wiedergefunden zu haben.

Achte einfach auf deine persönlichen Empfindungen. Es kann durchaus sein, dass dich eure Verbindung so berührt, dass du gar nicht anders kannst, als durch das Portal zu schreiten und direkt mit deinem Drachen in der Drachenwelt zu kommunizieren. Wenn dein Herz dabei jubelt, folge ihm!

Wenn du überwältigt bist von den Energien, die du gerade wahrgenommen hast, und sie gerne erst einmal in deinem Innersten verarbeiten möchtest, erlaube dir auch dies. Dein Drache fühlt, wie es in dir aussieht, und hat vollstes Verständnis für jeden deiner Schritte. Ihr könnt euch zu jedem anderen Zeitpunkt wiedersehen.

Bedanke dich in jedem Fall bei deinem Drachenfreund, und komme dann langsam wieder zurück in deinen physischen Körper und in die irdische Welt.

DraMagan und ich wünschen dir eine spannende und herzberührende Begegnung mit deinem Drachen.

Nachwort

Was für eine Reise!

Als ich mich nach meinem Interview mit meinem Schutzengel Ben* auf mein nächstes Gespräch mit den Drachen vorbereitet hatte, war mir nicht bewusst, dass es ein solches Abenteuer werden würde.

Ich hatte davor zwar schon ab und an intuitiv Hinweise auf Elanthara und die Seelentempel erhalten, wusste aber nicht, dass auch die Drachen etwas damit zu tun haben. Nun, diese wunderbare Reise werde ich auf jeden Fall fortsetzen!

Ich möchte dich von Herzen einladen – wenn es sich für dich richtig und stimmig anfühlt – dich mit der Übung, die ich dir oben notiert habe, auf die Drachenenergie einzulassen.

Spüre, ob in dir ein Wiedererkennen stattfindet, achte dabei ganz intensiv auf das, was du im Herzen spürst, und vertraue deinen Wahrnehmungen.

Und vielleicht führt dich dein Drache ja auch auf einer eurer Reisen nach Elanthara zu deinem Seelentempel …

---

* Gaby Shayana Hoffmann: Das kleine feine Buch der Engel, Schirner Verlag 2014

Ich freue mich sehr, wenn ich dir mit diesem Büchlein die Drachen und ihre Energie ein Stück näher bringen durfte.

In Liebe

Shayana

Danksagung

Ich bin sehr dankbar, dass ich durch meine Bilder, Kartensets und Bücher so viel Wunderbares mit anderen teilen darf. Ich könnte dies alles ohne die Unterstützung vieler Menschen nicht in diesem Maße tun. Ich danke daher von ganzem Herzen meiner Familie und meinen liebsten Freunden, die hier an meiner Seite sind, für ihre Inspiration, ihr Dasein und vor allem ihre Liebe. Ich danke Heidi und Markus Schirner und allen Mitarbeitern des Schirner Verlags dafür, dass sie uns Autoren helfen, unsere Visionen Wirklichkeit werden zu lassen!

Und last but not least danke ich einem alten aber unglaublich innigen Herzensfreund, den ich durch dieses Buch endlich wiedergefunden habe – DraMagan – mein Herz hat dich unendlich vermisst, auch wenn meine Erinnerung verschüttet war. Doch dies ist jetzt vorbei, und ich freue mich auf weitere gemeinsame Abenteuer mit dir – DANKE!

In Liebe

Shayana

Über die Autorin

Gaby Shayana Hoffmann wurde 1968 in Zürich (Schweiz) geboren und lebt seit 1999 in Deutschland. Nach einer beruflichen Laufbahn im kaufmännischen Bereich hat sie seit 2002 ihre Berufung u.a. in der Erschaffung spiritueller Kunstwerke gefunden, die unter dem Namen »Dolphins DreamDesign« bereits weltweit bekannt und beliebt sind.

Ihre lichtvollen Mandalas, Lichtwesen- und Energiebilder sowie deren Botschaften sind herzöffnend und berühren tief in der eigenen Seele.

Mit ihren Kunstwerken, Kartensets und Büchern inspiriert sie den Betrachter und Leser zu einem glücklichen und befreiten Leben und erinnert ihn in vielen unterschiedlichen Facetten daran, welch wunderbares und einzigartiges Wesen er ist und dass jeder Mensch von Liebe und Wundern umgeben ist.

Mehr von der Autorin und Künstlerin finden Sie unter:
www.dolphins-dreamdesign.de

Bildnachweis

Ich freue mich sehr und bin sehr dankbar, dass ich außer ein paar eigenen Drachenbildern auch einige Drachenkunstwerke der talentierten Künstlerin Jennifer Rahier in diesem Buch veröffentlichen darf!

Diese und weitere Arbeiten von ihr findest du auch unter ihrem Künstlernamen »Leundra« unter www.facebook.com/Art.of.Leundra und www.leundra.deviantart.com

Alle meine eigenen Drachenbilder sind wie gewohnt auf meiner Webseite www.dolphins-dreamdesign.de als Poster, Leinwandbilder oder Kissen erhältlich!

S. 11: »Peace in the desert skies« © Jennifer Rahier
S. 24: »Albion« © Jennifer Rahier
S. 31: »Drachenherz« © Gaby Shayana Hoffmann
S. 39: »Drachenflug« © Gaby Shayana Hoffmann
S. 46: »Snow Dragon« © Jennifer Rahier
S. 53: »Dein Drache« © Gaby Shayana Hoffmann
S. 61: »Drachenenergie« © Gaby Shayana Hoffmann
S. 70: »Drachenkraft-Energie Liebe« © Gaby Shayana Hoffmann
S. 75: »My World« © Jennifer Rahier
S. 89: »Pattarchus« © Jennifer Rahier

Ebenfalls von der Autorin erschienen im Schirner Verlag

Gaby Shayana Hoffmann
Das kleine feine Buch der Engel
Inspirierende Botschaften für Herz und Seele
ISBN 978-3-8434-5089-8
Paperback, 96 Seiten, farbig, mit Abbildungen
€ 6,95 (D) | € 7,20 (A)

Wie sehen Engel aus? Sind Engel seit unserer Geburt bei uns? Diese und andere Fragen beantwortet die Künstlerin Gaby Shayana Hoffmann in einem inspirierenden Interview mit ihrem persönlichen Schutzengel. Dieses Buch schenkt kleine Glücksmomente und gibt die unendliche Liebe und Weisheit der Engel weiter.

Gaby Shayana Hoffmann
Himmlische Lichtbegleiter
Engel, Elfen, Einhörner, Delfine und Meerengel an deiner Seite
ISBN 978-3-8434-9045-0
Kartenset, 56 Karten mit Begleitbuch
€ 19,95 (D) | € 20,60 (A)

Engel, Elfen und Feen, Einhörner, Delfine und Meerengel: Verschiedene Lichtwesen sind in diesem bezaubernden Kartenset vereint. Sie unterstützen den Leser in seiner persönlichen Entwicklung und begleiten ihn auf dem Weg zur Entfaltung seines wahren Selbst.